L'objet de son coupable feu.

LE CORSAIRE.

Le *Joueur*.

HASSAN.

Pour gagner Elvire,

Il a bien mal caché son jeu.

HASSAN.

Air : *Aimé de la belle Ninon*.

Pour mieux le prendre au dépourvue,

Seigneur, achevons la lecture.

LE CORSAIRE.

Projet du *Retour imprévue*.

HASSAN.

Il prévoyoit son aventure ;

LE CORSAIRE.

Un plan pour faire le *Distrait*

Oh ! nous saurons bien le distraire.

HASSAN.

Avant de mourir il devroit,

Me faire au moins son *Légataire*.

LA MASCARADE PARISIENNE.

LA

MASCARADE PARISIENNE,

OU

LA revue du Carnaval de Paris et des différens Bals de cette ville, pendant les jours gras ou jours des déguisemens;

MÉLANGE de folies, citations, rapsodies, comiques, pathétiques et philosophiques; avec épitaphes et épigraphes.

(*Ad ridendum plerique homines suscipiunt laborem.*)

A PARIS.

Chez les marchands de nouveautés.

1803.

AVANT-PROPOS.

Et malgré les Perraults et malgré les Houdarts,
L'on verra le bon goût naître de toutes parts.

(L'abbé DESFONTAINES.)

A BONAPARTE.

« GRACES à toi, les troubles de la guerre
» Dans nos tranquilles champs ne peuvent
» revenir :
» Par toi, Bellonne abandonnant la terre,
» Nous permet de nous réjouir.
» Vous, qui du dieu des bois révérez la
» puissance,
» Et vous, peuples heureux, qui vivez sur
» ces bords,
» Par vos chants de réjouissance
» Faites éclater vos transports.

» Chantons la valeur et la gloire
» Du héros qui nous rend heureux,
» Et qu'une éternelle mémoire
» Consacre dans nos cœurs ses bienfaits
» généreux.

Qu'on ne soit pas étonné si l'on ne trouve pas tous ces vers absolument neufs, ou pour mieux dire, nouveaux. Qu'on réfléchisse au titre de l'ouvrage, et l'on verra si je ne fais pas, ce que j'ai annoncé d'abord; et que l'on trouvera plus détaillé dans la préface et prouvé dans le cours de l'ouvrage; on y verra que mon but est d'attacher, d'amuser, d'intéresser le lecteur; de le faire rire et de le fâcher en même temps. Plusieurs de ces choses ne sont pas très-difficiles: car, qui croiroit que, dans ce moment, une maudite énigme occupe tout Paris ; dans les boudoirs, dans les cafés, dans les spectacles, on ne parle que de la fameuse énigme en sept couplets, sur l'air : *Femmes voulez-vous éprouver ?* enfin jusques dans les sociétés littéraires et les assemblées savantes.

Chacun prend son plaisir où il le trouve ; c'est pourquoi je prends le mien ici, en écrivant des rapsodies et des sottises : je dis des sottises, c'est-à-dire le récit des singulières aventures qui se passent dans les bals publics. . . . Mais, que dis-je ? c'est assez de l'*avant-propos* ; j'oublie que je veux faire une préface, une introduction, un discours préliminaire, et que si j'en dis tant à ce passage, je ne pourrai rien dire dans les trois suivans; mais, chose bien réfléchie, des trois je n'en ferai qu'une, ce que l'on pourra appeler la trinité sans mystère.

DISCOURS PRÉLIMINAIRE,

INTRODUCTION

ET PRÉFACE.

Un auteur à genoux, dans une humble
préface,
Au lecteur qu'il ennuie, a beau demander
grâce :
Il ne gagnera rien sur ce juge irrité
Qui lui fait son procès de pleine autorité.

Quand on forme le projet d'écrire, il faut toujours avoir un but ; pour moi, je ne sais pas encore si j'en ai un. . . . . . Cherchons. . . . . . c'est le seul moyen de trouver, et je crois que dans ce moment en voici un qui se présente, et d'une manière très favorable. . . . . Et quoi donc ? c'est le carnaval. On sait combien, dans cette grande ville, il se passe de scènes singulières pendant ce temps. Ce sont ces scènes et les incidens dont il faut profiter pour amuser ceux qui voudront bien se donner la peine d'acheter ce petit volume....

C'est fort bon jusqu'ici; mais enfin que faire?.. c'est encore très-embarrassant.... car, depuis la résurrection du carnaval, ou plutôt depuis qu'il est permis à tout le monde de se déguiser et de se masquer, chacun, sur cette matière, s'est exercé de différentes manières: les uns ont fait des almanachs de *carnaval*: les autres des chansons, des catéchismes, des vocabulaires, des calembourgs, tous, tant bons que mauvais: joignez à cela les lettres d'attrapes, toutes, les unes plus bêtes que les autres, ne sont pas les moindres sottises que produit cette heureuse saison du *carnaval*. Enfin bêtises sur bêtises, sottises sur sottises : voilà ce qu'il faut pour plaire à une grande partie de tous ceux qui se déguisent aujourd'hui, ou *qui sont déguisés*, et qui habitent la capitale. Charades, bêtises, rapsodies, sottises, calembourgs et jeux de mots : voilà ce que je veux faire, et faire rire, si je puis, en disant des choses qui n'auront pas le sens commun. *Sic alios ego faciam.*

Faire l'historique et la description des différens bals de Paris, ainsi que le tableau burlesque des scènes originales qui s'y passent, voilà presque le but.

C'est en commençant par le bal de l'Opéra que je veux débuter, attendu qu'il est le premier dont on doive parler, comme, selon le vulgaire, le plus ancien des bals qu'on puisse citer dans Paris, il en est aussi le plus illustre ; c'est-à-dire, celui dans lequel on voit chaque jour rassemblés tant de sortes de gens les uns plus extraordinaires que les autres, parce que c'est toujours au bal de l'Opéra que chacun veut aller, même celui qui n'a pas le sou se réserve pour y aller une seule fois au moins l'année. Enfin, une grande partie de ceux qui y vont mettent en gage, s'ils ne peuvent entrer autrement qu'en payant; et cependant tous ceux qui fréquentent ce bal sont très-différens, tant par la fortune que les mœurs: l'on peut bien dire de ce lieu comme on dit du palais dans le *Lutrin* :

On y voit aborder le marquis, la comtesse,
Le bourgeois, le manant, le clergé, la noblesse.

Ce sont tous ces singuliers personnages, que l'on nomme fort à tort les *gens comme il faut*, qui font la plus grande partie des assistans au bal dont il est question.

Après avoir fait la description de ce premier bal, je passerai aux autres bals qu'on peut regarder comme subalternes, en commençant toujours par le plus ancien, ou du moins celui que je croirai le plus ancien parmi ceux qui vaudront la peine de paroître ici: comme, par exemple, le fameux grand Salon de la rue Coquenard aux Porcherons; après celui-ci, le bal de Ruggieri, rue Lazare, ou du moins celui qui se tient dans sa maison. Je ne parlerai pas du fameux bal de Torré, qui étoit au coin de la rue de l'Ancry, sur les boulevards; ce bal, dis-je, n'existant plus et étant presque oublié, n'intéresseroit plus. C'est pourquoi je passerai sous silence tous ceux dont il n'est plus question maintenant.

Après le bal de Ruggieri, je passerai au bal de Richelieu, rue d'Antin. Ce dernier n'existe plus; mais il est à propos d'en parler, vu qu'il nous fournit des aventures singulières à citer; au surplus, il peut dater dans l'histoire des bals publics. De là je verrai l'hôtel d'Aligre, rue d'Orléans Honoré; ensuite le bal de la Réunion des Artistes, hôtel Boutin; de Longueville, du Prix-Fixe, etc. etc. etc.; enfin tous ceux qui me présenteront quelque chose d'intéressant à réciter (1).

Je crois que j'en ai bien dit assez pour remplir mon discours préliminaire, mon introduction et ma préface réunis tous trois pour former, comme je l'ai dit ci-dessus, une trinité littéraire. C'est avant de passer à la description que j'ai promise, que je veux donner quelques extraits de littérature

---

(1) Je passerai sous silence les bals d'été, ces derniers n'étant pas assez fournis d'incidens pour remplir mon objet.

pour remplir quelques pages et grossir le volume.

Je crois, au surplus, que le lecteur ne m'en saura pas mauvais gré, puisque je lui ai choisi ces extraits dans les opuscules de nos meilleurs poëtes, tant anciens que modernes; et delà je passerai à la description que j'ai promise. Commençons par une épigramme de J. B. Rousseau.

UN joli cœur mâtinoit à confesse
Un sectateur de l'art du Titien;
Quoi ! vous peignez ? disoit l'homme de bien,
D'après le nud, bras, tetons, cuisse, fesse,
Le tout à choix : il n'est nul, voir un saint,
Dont en ce cas la chair ne fût rebelle.
J'ai, dit le peintre, un remède certain :
J'exploite avant quatre fois mon modèle.

ÉPITAPHE DU LIVRE,

Pour rendre hommage à ce qui n'appartient pas à l'auteur.

Ici repose, et dans l'obscurité,
De nos auteurs chéris quelqu'heureuse saillie:
Œuvre, qui que tu sois, sera ensevelie,
Et tu devois passer à la postérité.

Je crois qu'en voici assez de dit pour le préambule de l'ouvrage; quant à ce qui regarde la poésie, nous y reviendrons quand les circonstances nous le permettront, c'est-à-dire à propos.

DESCRIPTION

DU BAL DE L'OPÉRA.

Descends du haut des cieux, auguste vérité ;
Répands sur mes écrits la force et la clarté :
Que l'oreille des. . . . . (1).

TOUT le monde sait ce que fut le bal de l'Opéra dans l'origine ; c'est pourquoi il est inutile de le rappeler ici. Passons donc à ce qui est le plus intéressant.

Depuis 1789 ou 90, il fut défendu dans Paris de se masquer, même dans les bals de société : cependant cela n'empêcha pas qu'il y eût beaucoup de

(1) Ces vers sont assez connus pour ne pas en citer l'auteur.

bals publics, et l'on dansoit toujours. Ce n'est donc que depuis l'établissement du gouvernement consulaire, qu'on permit de se déguiser et de se divertir à Paris et dans les autres villes de France. Depuis deux ans les déguisemens n'ont été qu'une fureur par toute la France; et c'est particulièrement à Paris, au bal de l'Opéra, qu'on s'est le plus apperçu de cette frénésie. Le premier jour que l'on r'ouvrit les bals de l'Opéra (le ..... de l'an 8), une certaine femme, actuellement mariée, quitta le bal de la rue de Richelieu, connu sous le nom de *Bastringue du Prix Fixe*; cette femme, dis-je, abandonna son commerce pécuniaire (car il y a plusieurs sortes de commerce), pour aller rejoindre, au bal de Boutin (aussi rue de Richelieu), son amant qui l'attendoit pour la mener au bal de l'Opéra. Comme l'amant de la dame n'étoit pas fort riche, ou pour mieux dire chargé d'argent, et qu'il ne pouvoit faire la dépense de six francs pour son billet d'entrée, cette charmante femme s'étoit munie d'un billet *gratis* (car très-heureusement on en donne à toutes les femmes dans tous les bals). Comme ce billet étoit pour femme, cela ne suffisoit pas encore à nos personnages ; mais on avoit prévu l'inconvénient. Elle sortit donc de suite avec son amant pour l'aller habiller en femme, afin d'entrer avec le billet *gratis*. Arrivés à l'Opéra, le couple entre dans l'assemblée ; on se promène, on danse, tout va fort bien jusqu'au moment où un accident, qu'on n'avoit pas prévu, arriva. Ce fut l'imbécille qui, assez régulièrement, entretenoit la belle en question. Cette femme avoit eu l'adresse de mettre sur elle un domino, mais en même temps la maladresse de mettre sur le dos de son amant, des vêtemens à elle appartenans et connus de celui qui l'entretenoit. Cet entreteneur de femme, reconnoissant certaine robe qu'il avoit donnée à la belle, et croyant s'adresser à elle-même, arrête le couple, et dit en s'adressant à tous deux : *Belles dames, où allez-vous ainsi? Ne craignez-vous pas d'être insultées? Faites-moi, je vous prie, l'honneur d'accepter mon bras.* La femme lui répondit : *Je ne le puis pas.* L'entreteneur s'adressant à l'amant, croyant toujours qu'il parloit à sa belle: *Quant à toi, je te reconnois, beau masque.* L'amant (la voix contrefaite) : *Vous vous trompez.* L'entreteneur : *Vous croyez?* L'amant : *Je vous assure.* L'entreteneur : *Vous avez beau contrefaire la voix, c'est vous, Sophie; c'est vous, je vous reconnois.* Sophie : *Non, et laissez-nous tranquilles, monsieur, je vous prie.* Alors la belle lui tourne le dos pour aller d'un autre côté. Il les suit et les arrête de nouveau. Une autre fois, s'adressant à Sophie (car Sophie et la belle, c'est la même chose) : *Connoissez-vous la belle avec qui vous êtes?* — *Certainement*, dit Sophie. — *Savez-vous son nom?* — *Oui*, dit Sophie. — *Eh bien*, dit l'entreteneur, *c'est bien Sophie, la maîtresse de. . . . . .* — *Non*, dit Sophie, *ce n'est pas elle, je vous assure.* — *Eh bien*, dit l'entreteneur, *comme cette femme porte une robe que je connois et que cette robe est à Sophie, j'en suis certain, je vais donner le bras à ce beau masque, jusqu'à ce que Sophie soit arrivée.* Sophie, embarrassée, ne sut comment répondre; mais elle reprit bientôt son air effronté et déterminé, comme celui de toutes les femmes de son espèce, et dit à son bienfaiteur (car c'est ainsi qu'on peut nommer celui qui entretient une femme, de telle classe qu'elle soit): *Vous m'ennuyez, monsieur ; laissez-nous tranquilles, je vous le répète.* Après quoi elle retourna à son amant, qui étoit fort inquiet de savoir comment tout cela finiroit.

Cependant l'entreteneur ne perd pas courage; il suit partout le couple conjuré : il observe toujours ; mais il ne peut rien découvrir, vu que la donzelle avoit toujours soin de contrefaire sa voix. Plus il observe, et plus il se confirme que ce sont bien les habillemens de sa prétendue maîtresse. Il les suit partout; mais le couple impatient, et craignant d'être reconnu, va se reposer un instant au café, où là l'entreteneur, les observant toujours, fait la rencontre d'un de ses amis, auquel il conte l'aventure. Cet ami lui propose quelque chose de fort bon: c'est, dans le cas où il croiroit être sûr de ce qu'il avance, d'aller passer un domino le plus promptement possible; et, pendant ce temps, l'ami se chargera d'observer les deux personnages masqués, jusqu'à son retour, ou de les suivre partout où ils iront.

Le projet est accepté. Il s'échappe et revient bientôt, dèslors que le couple abandonnoit le café pour se promener de nouveau ou danser. Après avoir fait plusieurs tours dans le bal, ils vont s'asseoir sur une banquette du fond de la salle. L'entreteneur, fort adroitement, s'assied à côté d'eux, sans avoir l'air de le faire exprès ou avec intention.

C'est là que nos amans se vendent et se laissent prendre au trébuchet.

Depuis que la belle et son amant avaient quitté le lieu des rafraîchissemens, ils étoient toujours à observer s'ils ne reverroient pas l'homme qui les avoit tellement contrariés ; lorsque se voyant seuls, ou du moins se croyant seuls, notre favori dit à sa belle : *Je crois qu'il seroit très-prudent d'aller louer de suite deux dominos ; afin de ne plus craindre d'être reconnus de personne ; car,* continue-t-il, *j'ai remarqué, lorsque M. B*** a cessé de nous observer, que la personne avec laquelle il causoit nous a suivis des yeux fort long-temps, et que peut-être bien M. B*** est allé se déguiser, ou passer un domino, pour nous observer lui-même, tandis que nous y pensions le moins. Il faut agir de ruse, et aller changer chacun d'habillement ; cette chose est absolument indispensable.* La belle répondit *qu'elle ne demandoit pas mieux, mais qu'elle n'avoit pas d'argent sur elle, et qu'elle ne savoit pas comment faire : Car, si je retourne chez moi pour changer, je ne pourrai toujours prendre que des vêtemens connus de M. B***, et cela ne* *vaudroit rien du tout ; au lieu qu'un domino n'est connu de personne, et cela vaut toujours mieux.*

L'entreteneur, qui observoit et écoutoit la conversation, s'avisa d'un moyen; ce fut d'offrir au couple de lui prêter de l'argent. Il s'approche de l'amant, le prenant toujours pour Sophie, et lui dit tout bas, comme dans pareil cas on doit agir, et contrefaisant sa voix : *Mesdames, je vous crois embarrassées pour une petite bagatelle ; comme les dames n'ont point de poches, et surtout avec cet habillement, je vous prie d'accepter mes services sans conséquence, et de vouloir bien venir au magasin des costumes, où je vous donnerai ce qui vous sera nécessaire.... Qui pourroit se refuser de se rendre utile à des dames qui, je suis sûr, sont on ne peut plus jolies? et, ce qu'il y a de certain, très-aimables, je n'en doute pas.*

Après ces paroles, il ne pouvoit

contenir sa rage ou, pour ménager l'expression, sa fureur jalouse! Que de pauvres amans, que de pauvres maris sont chaque jour exposés à se laisser prendre dans les filets d'une belle de cette espèce, et à de pareilles aventures. Tout cela, pour ne pas connoître assez les femmes: que dis-je, connoître? quel est l'homme qui peut se flatter de connoître ce sexe assez parfaitement pour ne pas être trompé? je crois qu'il n'en est pas beaucoup dans le monde.

Après que M. B*** eut fait son offre agréable, Sophie, croyant dans ce personnage masqué faire une autre dupe à sa façon (1), accepta de la

---

(1) Car il faut prévenir mon cher lecteur, que ces sortes de femmes ne se contentent ni d'un seul amant, ni d'un seul entreteneur.

manière accoutumée. Elle, ainsi que son amant, suivirent notre honnête homme courroucé, qui les conduisit de bonne foi chez le costumier, lequel se tenoit dans l'un des corridors de la salle. Arrivés au lieu du déguisement, la belle, craignant d'être reconnue par quelque homme *de sa connoissance*, hésitoit à ôter son masque; de plus, elle ne savoit comment faire changer d'habit à son amant favori, ce qui rendoit la contenance de l'un et de l'autre fort embarrassante. M. B*** pressoit la belle de se démasquer; celle-ci refusoit et le prioit de se tenir au-dehors seulement le temps qu'elle eût changé de domino : bien entendu, M. B*** s'y refusoit aussi, en disant qu'il vouloit absolument connoître la belle à laquelle il rendoit ce petit service; et s'adressant au concubain, il le pressoit ainsi qu'elle de se démasquer : c'étoit un double embarras pour l'un et pour l'autre. Enfin, notre entreteneur n'y pouvant plus tenir, défait le masque de force à notre amant, qui alloit se trouver très-confus, si le jaloux, ayant craint de s'être trompé, ne se fût mis à demander quantité d'excuses, se retira pour les laisser se déguiser de nouveau ; mais tandis que les amans se croyoient vainqueurs, ayant les armes de l'ennemi, M. B*** réfléchissoit à son particulier, et ne pouvoit pas définir ce que vouloit dire que deux personnes qu'il croyoit avoir offensées ne se fussent pas formalisées de sa témérité ; et réfléchissant encore plus à la figure qu'il avoit vue, il avoit reconnu de la barbe au menton de celui qu'il avoit pris pour une femme d'abord, ce qui lui confirma que la personne qu'il avoit démasquée ne pouvoit être qu'un homme. Aussitôt il voulut savoir, de la maniere la plus claire, ce que ses yeux lui avoient dit : car, rentrant brusquement dans le cabinet où s'habilloient nos deux amans, il reconnut sa belle qui étoit entièrement démasquée et embrassoit elle-même son cher favori.

Jugez, chers lecteurs, de l'embarras de la belle et de son amant, ainsi que de la posture ou de la contenance embarrassante de notre entreteneur; et, malgré qu'il étoit furieux, il ne laissoit pas que d'être fort embarrassé de se trouver témoin des tendres baisers qui se donnoient devant lui. Il s'adressa à la dame, et lui dit : *Madame, je suis on ne peut plus étonné de la conduite que vous menez et du ridicule dont vous me couvrez : vous pensez bien que, d'après cette manière de vous conduire à mon égard, je ne puis plus vivre avec une femme telle que vous ;*

et combien je dois rougir d'avoir pu me laisser attraper aussi long-temps, puisque je me suis compromis au plus haut point, en vous introduisant dans plusieurs sociétés respectables. A ces mots, il se déshabilla, paya son costume et se retira, renfermant dans son cœur tout ce qu'il ne vouloit pas faire appercevoir, pour éviter l'éclat du scandale devant la foule et les costumiers présens.

Après cette scène, la belle reprit aisément ses sens et rentra dans le bal, comme s'il ne s'étoit rien passé d'extraordinaire.

Quant à ce qui s'est passé depuis, entre M. B*** et Sophie, je ne pourrois pas le raconter fidèlement; mais tout ce que je sais, c'est que depuis cette scène qui auroit dû dégoûter pour la vie M. B*** de Sophie, au contraire, il eut la foiblesse, ou plutôt la bassesse de l'épouser neuf mois après cette preuve d'infamie. Que d'hommes se compromettent chaque jour dans Paris, surtout en fréquentant des femmes dont l'immoralité et la conduite devroient les faire éloigner d'elles, ou du moins ne les fréquenter que lorsque la nature nous en fait une nécessité absolue : car, on ne peut pas ignorer qu'il est des hommes que la nature à doués d'une portion de feux qui ne leur permet pas de se passer de femmes ; mais aussi il en est d'assez vils, comme je le disois ci-dessus, pour épouser des femmes déjà prostituées depuis long-temps, qu'ils croient rendre à la société en leur donnant le titre d'épouse.

Funeste erreur des hommes qui pensent ainsi, et qui fait que dans la société on voit souvent, à côté d'une mère de famille, une catin décorée du nom pompeux d'épouse : car quoiqu'en disent certains hommes, qui se décorent aussi du nom de philosophes, qu'une femme qui abjure ses fautes et ses erreurs en se rendant l'épouse de ces sortes d'êtres, assez peu délicats pour former une telle alliance; que ces femmes doivent être regardées et respectées, comme si elles n'eussent jamais été connues dans le monde. C'est une erreur des plus grossières, et par laquelle je ne me laisserai jamais séduire; car je crois bien que personne ne poura contester cette sentence connue de tout le monde!

Dans le crime il suffit qu'une fois on débute;
Une chûte toujours attire une autre chûte:
L'honneur est comme une île escarpée et sans bords;
On y peut plus rentrer, lorsqu'on en est dehors.

Quand ceci ne seroit pas suffisant, quel est l'homme de bien qui ne rougiroit pas de penser à épouser une femme qui a été celle de tant d'autres hommes ?

« Il se fait dans le monde un singulier trafic :
» L'un adopte aisément l'enfant de sa maî-
» tresse ;
» Alain de sa grand'mère a partagé l'ivresse ;
» L'autre épousa la veuve du public.

Il ne faut pas s'étonner de tout ceci ; car ces mariages de femmes prostituées sont très-communs dans Paris. On en peut juger par le fait suivant :

Un homme de loi, assez considéré dans la société, vivoit depuis trois ou quatre ans avec une femme que l'on nomme communément *fille publique*. Cette fille ne faisoit d'autre métier que d'aller tous les soirs au spectacle, soit au Vaudeville, au théâtre de la République, ou bien chez la Montansier, pour y chercher chalan ou faire pratique (1).

Cette *fille*, quoique complètement coquine et de très-mauvaise vie, avoit des dehors assez agréables; ce qui a peut-être séduit notre homme de loi. Cependant, dans les spectacles, elle tenoit son *quant à soi*; car lorsqu'un jeune homme s'approchoit pour lui parler, et que ce jeune homme ne lui paroissoit pas avoir les facultés nécessaires pour remplir son but, elle s'en éloignoit ou le repoussoit loin d'elle; mais cependant, si c'étoit un joli garçon, elle faisoit réflexion sur le

(1) Il est bon d'observer que cette femme précédemment faisoit ce métier, d'abord dans les rues, ensuite au Palais-Royal, avant d'arriver ici.

moment, et le prioit de s'éloigner, afin de ne pas nuire à son loyal commerce, et l'engageoit à l'aller trouver chez elle; surtout lui donnant bien l'heure, afin de ne pas rencontrer de ces êtres nécessaires aux femmes de ce genre, et qu'elles nomment très-proprement *miché* ou *payant*. C'est une femme de cette espèce, qu'un homme de mérite assez connu, et très-connu, a eu la bassesse d'épouser, croyant ne pouvoir faire mieux, attendu qu'il avoit passé trois ans avec elle. Il faut dire aussi que cette coquine a su tellement le captiver et le tromper, que cet homme a cru épouser une femme vertueuse et estimable, d'autant plus qu'elle étoit son épouse, et qu'on avoit plus rien à dire sur son compte, puisqu'elle ne voyoit plus d'autre homme que lui.

Comme je m'écarte de mon but, il

faut quitter ce sujet et passer à un autre beaucoup plus intéressant.

Vous savez des grands vers les disgraces
tragiques,
Et souvent on ennuie en termes magnifiques.

Un des derniers bals de la même année, un homme à deux femmes, c'est-à dire à deux maîtresses, avoit donné rendez-vous à l'une au bal de Boutin, et à l'autre à celui de l'Opéra; il alla d'abord au bal de Boutin (que l'on nommoit très-improprement *Réunion d'Artistes*; mais il ne faut pas s'en étonner, c'étoit un danseur qui lui avoit donné ce titre), où il y trouva l'une de ses concubines par laquelle il se fit payer un bon souper (car une grande partie des jeunes gens de Paris ne font pas d'autre métier). Après qu'il eut bien mangé, il se promena quelque temps avec sa *Diane*; et lorsque l'heure fut venue, il l'a planta là avec une de ses amies, et s'esquiva, très-adroitement, pour aller rejoindre celle qui l'attendoit à l'Opéra. Arrivé à l'Opéra, il fallut chercher; car dans ce local on n'y voit pas aisément celui que l'on y croit trouver: c'est par cet accident qu'il fut rencontré par une femme, des amies de celle qu'il avoit laissée au bal des *Artistes*. Cette femme l'interrogea et lui demanda s'il étoit seul ici: il répondit que non, afin de se débarrasser d'elle; et dans le même moment il apperçut la femme qu'il cherchoit, quitte l'importune, et va vers l'autre, qui lui donne le bras après avoir quitté celui de l'imbécile qui l'avoit amenée, et de suite, se promenent ensemble. Mais, après avoir quitté la conversation avec cette femme qui l'avoit interrogé, il fut suivi et remarqué par elle pendant un certain temps, après lequel celle-ci l'acosta une seconde fois, et lui demanda où étoit Berthe (c'est le nom de celle qui étoit restée au bal Boutin); il lui répondit qu'il n'en savoit rien, et lui tourna le dos sans lui en dire davantage.

Mais notre délaissée, impatiente de ne plus voir son amant dans le bal, où elle croyoit qu'il étoit resté, s'avisa d'aller voir dans quelques autres bals, et commença par celui de l'Opéra.

Elle arriva donc au bal de l'Opéra, dans l'intention que si elle rencontroit son amant avec quelque autre femme, elle diroit des sottises à l'un, et donneroit des soufflets à l'autre : elle s'arma de courage; mais cependant, elle se radoucit en réfléchissant que, peut-être elle avoit un soupçon faux, et que si son amant y étoit, qu'il étoit sûrement seul. Elle arriva dans le bal, où d'abord, elle rencontra un jeune homme de ses anciens amans, qui lui dit avoir vu celui qu'elle cherche, et avec une femme. Ce discours d'abord ne l'effraya pas, vû que les amans disgraciés se servent toujours de ce moyen pour indisposer leur infidèle contre le nouveau favori. Elle alla plus loin, et lorsqu'elle fut pour sortir par une des portes de côté, elle rencontra la femme observatrice, dont nous avons parlé ci-dessus. Cette dernière, précédemment, venoit de voir passer les deux amans qui entroient dans le foyer. Elles les suivent toutes deux jusque dans le corridor du rez-de-chaussée, qui conduit les jours de spectacle à l'orchestre; comme cette issue est fermée les jours de bal, les amans ne pouvoient aller plus loin, il falloit bien retourner sur ses pas : c'est en se retournant qu'ils rencontrent les deux femmes qui les avoient poursuivis depuis le grand foyer. C'est dans ce moment que nos amans se trouvent fort embarrassés. La femme offensée commence par donner un soufflet à notre greluchon, qui se revanche en lui en rendant un autre, les sottises commencent de part et d'autre, le public s'attroupe, l'amant n'ose plus frapper devant le monde. La femme offensée en vient aux reproches, conte l'histoire de la soirée, et arrivant au souper du bal Boutin, voilà notre amant qui s'esquive adroitement dans la foule; mais, l'amante qui étoit cause de tout ce train, étoit restée seule dans le fond, à attendre que la querelle fut terminée, espérant qu'elle en seroit quitte, attendu qu'elle ne connoissoit pas la femme à laquelle elle avoit fait porter des cornes. Mais cherchant à passer derrière le dos de ceux qui se trouvoient là; notre amante encore toute courroucée, lui décoche un soufflet des mieux appliqué. Le public qui se trouvoit présent, croyant qu'elle avoit tout à fait tort, applaudit à cette vengeance : cela piqua la dernière frappée, qui répondit sur le même air. Enfin l'autre recommence, et de plus sa compagne qui en quelque sorte la secondoit, fit qu'une autre femme, spectatrice, trouvant mauvais que deux femmes se missent sur une seule, se mit elle-même aussi de la partie. Voilà aussitôt les injures de ces femmes qui commencent, les tappes et les soufflets vont de suite, la querelle s'engage de nouveau; on voit dans un instant nos quatre femmes aux prises; les bonnets des unes d'un côté, et ceux des autres de l'autre; ainsi que les perruques, qui, par la force des coups, n'avoient pu résister : enfin les savattes, ou bien les souliers, servoient d'armes à ses amasones; mais l'amante favorite du fuyart, qui se trouvoit déguisée (1) en poissarde, et chaussée de même, prit un sabot de chaque main, et frappant alternativement sur charqu'une des femmes qui l'avoit attaquée les premières. L'une d'elles ayant mal paré le coup de sabot, elle le reçut dans l'œil, ce qui la mit hors de combat; mais l'autre voulant s'emparer d'un sabot au moins, tomba sur le carreau, et au même instant reçut un coup de la chaussure, qui lui cassa presque toutes les dents d'un seul côté de la machoire; alors celle qui avoit un œil de poché, voulut

---

(1) C'est-à-dire sous le costume pour lequel elle est née, et qu'elle a quitté pour paroître autre chose.

reprendre la partie aussitôt qu'elle vit sa compagne à terre, mais un bon coup de sabot sur la tête, qui étoit découverte, lui fit une petite incision sur le front, et fit couler du sang, ce qui l'effraya et l'empêcha de rentrer en lice; alors la *gladiateuse* remet ses sabots à ses pieds ainsi que son mouchoir sur sa tête; elle monte s'arranger devant une glace du foyer, où tout le monde l'admire. Après quoi, elle retourne se promener comme s'il ne lui étoit rien arrivé. Après quelques tours de bal, elle prend le bras d'un monsieur avec lequel elle valse un tour seulement; car aussitôt qu'elle aperçut son amant qui l'avoit laissé dans l'embarras, elle quitta celui avec lequel elle valsoit, courut après son amant, et lui commença une querelle que celui-ci sut appaiser adroitement, en l'engageant à sortir du milieu de la danse,

A un certain bal de l'Opéra, je ne me rappelle plus lequel, une très-jolie femme, fille d'un homme fort estimable et très-connu, avoit donné rendez-vous à un de ses adorateurs; (car il faut observer au lecteur qu'elle en avoit plusieurs, qu'elle étoit mariée, et qu'actuellement elle est divorcée et libre de faire ce qu'elle veut, quoique cependant elle n'ait jamais été gênée de sa vie, et a fait plus d'une fois son mari cocu) : cette femme, dis-je, ayant donné rendez-vous à un jeune homme dans une loge particulière de l'Opéra, ce jeune homme, fort indiscret et très-glorieux, alla raconter sa bonne fortune à plusieurs jeunes-gens de ses amis, parmi lesquels s'en trouva un perfide et fort adroit pour tirer parti de la circonstance. Ce dernier ressembloit parfaitement à notre indiscret, jusqu'à s'y méprendre, même à la voix. Le perfide interrogea très-bien son ami sur tout : d'abord l'heure à laquelle il devoit la trouver au bal, le costume qu'elle devoit avoir, ainsi que celui qu'il devoit porter pour être reconnu d'elle ; enfin jusqu'au numéro de la loge (car la dame en avoit loué une exprès pour jouir d'un très-bel homme). Après que notre traître d'ami eut pris tous les renseignemens dont il avoit besoin pour attrapper son ami, car l'autre le croyait tel, puisqu'il lui confioit ses secrets, il alla tout préparer pour se rendre au bal à sa place, et profiter de la ressemblance. Ce n'étoit pas très-facile, mais enfin il le tenta, donna d'abord rendez-vous à l'indiscret amant (car c'est ainsi qu'il faut le nommer ici, ne pouvant tracer son véritable nom), afin de pouvoir le retenir dans quelque lieu jusque passé l'heure du rendez-vous ; c'étoit le seul moyen d'exécuter son perfide projet.

Le rendez-vous qu'il lui donna étoit dans une réunion fort agréable, où l'on donnoit un thé charmant. Ensuite on devoit aller au bal de l'Opéra, ce qui faisoit très-bien l'affaire de notre jeune étourdi, car le rendez-vous étoit pour deux heures, et c'est précisément l'heure que la société avoit choisie pour s'y rendre. Mais lorsqu'on dit, je me rendrai à telle heure dans un endroit, il y a toujours l'heure de répit, et c'est ce que l'ami perfide avoit recommandé à un particulier qui amusoit la société, et particulièrement notre homme, qui s'arrêta pour écouter de jolis complimens qu'on lui adressoit, et tendoit la bouche comme le corbeau de Lafontaine, tandis que l'heure se passoit. Il étoit trois heures moins un quart, lorsque notre amant favori s'en aperçut, et leva le siége pour s'en aller au lieu du rendez-vous. Il sortit donc de la société sans dire mot, alla prendre son costume, et se rendit au bal où la place qu'il devoit occuper avoit été prise par un autre beaucoup plus adroit et moins indiscret que lui.

C'étoit ce prétendu ami qui avoit emprunté son costume et son nom, et s'étoit introduit près de la dame, et lui avoit emprunté ce qu'elle avoit promis à son favori. L'erreur de la femme étoit si grande, qu'au bout d'une heure après le sacrifice, elle s'étoit promenée dans le bal avec son séducteur, elle ne s'étoit pas encore aperçue qu'elle s'étoit trompée.

Notre amant malheureux s'étoit empressé, le plus qu'il avoit pu, pour se rendre au bal. Il y arriva tout en sueur, et courut de suite au lieu du rendez-vous où il ne trouva personne. Il alla de suite dans le bal, se promena longtemps sans rien apercevoir.

Le séducteur perfide s'étoit assis dans une loge des secondes; et apercevant son ami auquel il n'avoit pas réfléchi depuis qu'il étoit en bonne fortune, s'avisa d'un moyen pour prolonger l'erreur de la femme, et dit à la belle : « Madame, vous ne croiriez pas qu'un jeune homme de mes amis sait, je ne sais comment, que nous devons nous trouver ensemble dans ce bal; il a formé le dessein de se faire passer pour moi-même, s'il vous rencontre; enfin il en a fait le projet avec un de mes amis. Remarquez, que j'avois, là dessus, promis de garder le secret, et comme je ne veux pas qu'il vous arrive de scène désagréable, je m'empresse de vous en faire part, afin de renvoyer tous ceux qui se présenteroient sous mon nom. »

La femme fut très-surprise de ceci, et fit plusieurs reproches à son cavalier, croyant bien que c'étoit celui qu'elle avoit choisi, ne pouvant, selon elle, être un autre.

Ce discours piqua la curiosité de la femme; et au lieu de chercher à éviter cette rencontre, elle alla elle-même au-devant, ce qui ne contenta pas du tout notre heureux séducteur. Redescendus dans le bal, ils allèrent droit au jeune fat, qui eut d'abord de la peine à reconnoître sa belle; mais les traversées répétées qu'elle faisoit devant lui, firent qu'il reconnut d'abord sa maîtresse, mais nullement celui auquel elle donnoit le bras. Celui-ci étoit à chaque instant prêt à quitter le bras de sa *séduite*, mais il étoit fort embarrassé, ne sachant pas comment s'y prendre, vu qu'il vouloit ménager l'amitié de la femme, et lui faire connoître plus tard qu'elle ne s'étoit pas trouvée dans les bras de celui qu'elle avoit convoité.

Cependant notre amant impatient s'approche de la dame pour s'assurer s'il ne se trompoit pas, et lui dit : « Madame, je vous rencontre un peu tard : il est vrai que j'ai moi-même un peu tardé ; mais je vous prie de m'excuser, j'ai été trompé par l'heure. » Elle lui répond avec le ton de l'ironie : « Oui, Monsieur, vous arrivez un peu tard, car un autre a pris votre place. » (L'amant avec fureur, cependant retenu) : « Comment un autre ? » — « Oui, Monsieur, un autre, et plus fin que vous, je vous assure ; il n'a pas manqué son coup. Il avoit tout prévu, et a fait tout ce qu'il falloit faire. Quant à vous, je vous conseille de vous en tenir là, et me laisser promener en paix. » A ces mots, elle lui tourne le dos, et lui reste en place comme un therme.

Le discours de la belle avoit tellement fâché notre amant, qu'il en étoit furieux ; il quitte la place où la belle l'avoit laissé, et va se promener dans les corridors où il rencontre plusieurs de ses amis qui s'attroupent, et leur conte sa mésaventure.

Ce singulier récit faisoit rire plusieurs de ceux qui se trouvoient là, lorsque la belle vint à passer, s'arrête pour voir quel étoit le sujet de ces rires à éclat ; un autre de ses amis s'arrête aussi, et lui demande, de lui raconter son aventure singulière, et dont tout le monde rioit encor. Il recommence l'histoire : mais son amante écoutoit aussi ; et son séducteur qui ne se soncioit pas qu'elle entendit réciter cette aventure, la pressoit de sortir du corridor pour rentrer dans le bal ; ce qu'elle ne voulut pas faire et écouta le récit. Bientôt elle fut pen satisfaite de sa curiosité; car notre amant courroucé qui ne ménageoit rien, en terminant son discours, nomma le nom de la personne; ce qui la déconcerta pour le moment. Mais bientôt après, n'écoutant que la colère d'une femme outragée, elle ne réfléchit pas à l'esclandre qu'elle alloit faire; elle arrêta son amant, et lui dit: Monsieur, vous êtes un fourbe, un imposteur: je connois la personne dont vous venez de prononcer le nom; elle ne vous a pas promis ce que vous venez de dire, et de plus, elle ne vous connoît pas. L'amant reconnoissant la voix de sa maîtresse, fut pour le premier moment interdit; mais lui adressant la parole: C'est vous qui êtes cette personne dont vous défendez si mal la cause; et moi, je suis M**, celui à qui vous avez donné le rendez-vous dont il est ici question. — Je vous répète que vous êtes un imposteur, et que si je tiens à mon bras l'homme dont vous parlez.

A ces mots notre troupeau fut tout à fait déconcerté et ne dit pas un seul mot; le véritable amant, encore plus en colère, se démasqua et se fit reconnoitre à la belle, qui doutoit encore. Alors, confuse et ne voulant pas se démasquer, elle dit à son amant : mais quel est donc celui que je tiens à mon bras? — Qu'il se démasque, dit l'amant. — Je ne le veux pas, repondit l'imposteur. Alors l'amant, en furie, arrache le masque de dessus la figure du traître, qui s'en fâche fortement, en donnant un fotr souflet à celui qui l'avoit démasqué.

Aussitôt une querelle vive s'engage, on rend les coups portés, la rage s'empare de chaque combattant, et avant d'aller au bois de Boulogne, chacun veut arracher un œil à son adversaire. Cependant les amis de chacun, qui se trouvaient là, les séparèrent du mieux qu'il étoit possible, et les engagèrent de terminer le combat préliminaire, et d'attendre au lendemain pour se couper la gorge. Pendant ce temps, la dame très-spirituelle, voyant qu'il ne pouvoit lui reveuir rien de bon, s'esquiva du mieux qu'il lui fut possible, descendit à la porte, demanda un fiacre et s'en retourna chez elle. Mais nos amans, fidèles à l'honneur, allèrent aussitôt au bois de Boulogne, d'où l'un fut ramené chez lui avec une forte blessure au bas ventre.

C'est ainsi qu'il est arrivé souvent, que pour une catin, deux bons amis se sont coupé la gorge, afin de satisfaire à l'honneur. Mais ici c'est bien différent; c'est l'homme qui se disoit l'ami de l'autre qui lui souffle une bonne fortune, et cela pour satisfaire M. son c...

Malgré que je pourrois raconter encore diverses aventures, je me bornerai à celles-ci, afin de passer aux autres bals, qui m'en fournissent beaucoup de grivoises, et c'est au bal de Longueville surtout qu'on trouvera les plus galantes.

Description du grand Salon de la rue Coquenard.

Après avoir parlé des bals de l'Opéra, ou plutôt des scènes singulières qui s'y sont passées, on trouvera un peu grotesque le tableau différent que présente le *Grand-Salon* de la rue Coquenard, établi depuis plus de trente ans, et qui n'a été interrompu que pendant les années du règne de la terreur.

Quatrin burlesque sur le bal du grand Salon.

Oui, des bals de Paris l'honneur et la merveille;
Tu reçus dans ton sein le prince et le voleur:
C'est là, qu'il se donna des claques sans pareilles;
Tout se prit aux cheveux, jusqu'aux filles d'honneur.

Ce grand salon, en effet, n'est autre chose qu'une grande salle de guinguette, où l'on donne à boire, à manger, et à danser les fêtes et dimanches, et principalement aux jours gras, où ce *Salon* fait sa moisson. L'aventure est un peu ancienne; mais elle est vraie. Un peintre d'un grand mérite et qui jouit d'une réputation bien acquise, alla, il y a environ 16 ans, au *Grand-Salon* de la rue Coquenard; d'abord en y entrant il fut surpris, comme tout ceux qui y vont pour la première fois, de voir une cohue semblable à celle qu'on voit au *Grand - Salon.* Son premier mouvement fut d'abord de sortir de suite : ne pouvant pas concevoir ce que cela vouloit dire, il consulta l'un de ses amis qui l'avoit amené là ; enfin il veut sortir ; mais par une réflexion philosophique, il s'arrête et décide de voir ce que c'est que le *Grand-Salon*, et cela par le conseil de son ami, qui lui dit qu'il faut connoître un peu de tout dans sa vie, et que par conséquent le *Grand-Salon* est une chose à voir. Son ami, après lui avoir récité ces deux vers de Martial,

» Quod sis esse velis, nihilque malis ;
» Summum nec metuas diem nec optes.

ils pénétrèrent la foule.

Arrivés près d'une table assez bien garnie de bouteilles vides, ils sarrêtent pour y considérer et bien examiner trois masqués assez singulièrement vêtus: leurs singuliers vêtemens en avoient fait arrêter plusieurs autres, qui avoient poursuivi leur route sans rien dire. Mais un détachement de véritables poissades, car il faut le croire à en juger par les propos, s'arrêta près de cette table pour y déclâmer tous les plus sots propos que l'esprit humain puisse inventer. Je vais rappeler ici les plus décens, et comme la scène s'est passée.

D'abord, un homme déguisé ou non déguisé en fort de halle, s'approche de la table et dit, à qui de la société vouloit le rendre : Te v'la, madame d'Angu, qu'a l'nez fait comme j'ai le c.. ; regardez donc ses tétons qu'allà relevés avec des épingles à friser; voyez-vous aussi son œil gauche qu'on a relevé d'un coup de poing pour le mettre au beurre noir ; dis-donc, houes, magneuse d'endouilles, répondras - tu aujourd'hui ou demain ? on diroit qu'on t'a clos la parole. — Et hu donc, savoyard ; tu n'as que la gueule pour toi. Tu viens ici je ne sais qui chercher ; est-ce que tu veux que je te fasse reniffler un coup de point pour te r'mettre les sens ; ou que je casse la gueule pour te donner de l'appétit ? et si tu ne décampe au plus vîte, tu vas voir, échappé des galères, enfant de la rue du Pélican, macrot de la rue Jean-Saint-Denis, ramasseux d'marrons au grand quarré des Tuileries ; tu ne diras pas qu'on t'a pas vu : ah ! je parie que t'es bien fâché qu'on en ait abattu les grands ifs : c'est là que t'allois faire tes coups fourrés.

Aussitôt un autre s'approcha et se met à couper la parole à cette dernière, qui l'écoute attentivement et se prépare à lui répondre. Celui-ci recommence les mêmes discours, à l'exception de quelques changemens fort agréables, après quoi nos deux amis poursuivent leur promenade, afin de voir autre chose plus bas.

Mirabile visu.

Aprés avoir pénétrés la foule par quelqu'endroit, ils se retrouvèrent pour la seconde fois devant cette table où ils avoient vu commencer cette fameuse querelle *pour rire*, mais qui, par de nouveau propos commençoit à venir au sérieux. Un homme qui ne connoissoit pas le train de ce bal, et qui n'entendoit pas non plus la plaisanterie, s'arrêta singulièrement devant cette table, où de suite on l'apostropha d'une belle manière. On l'appela gros paysan, vendeur de trippes, empoisonneur de l'humanité, videur de pot de chambre, videur de tasse à café pissé, voleur de pierre de taille. Enfin sur le mot *voleur* notre homme qui n'avoit encore rien pu comprendre aux épithètes précédentès, s'emporta d'une drôle de manière, et croyant toujours qu'on l'insultoit avec l'intention de le fâcher; ce qu'il fit, car après avoir dit plusieurs mots insultans, il dit à la tablée, qu'il les emmerdoit tous, et que s'ils ne se taisoient pas promptement, il alloit donner une giffle au premier qui lui porteroit la parole: sur ce mot tous se mirent à rire aux éclats; l'un lui faisant des cornes, l'autre lui jetant des boulettes, l'autre lui disant des sottises; enfin notre homme, fâché entièrement, prend une bouteille et la lance à tout hasard sur l'un de la société; mais très-heureusement pour l'instant, la bouteille ne fait aucun effet, et va se briser contre le mur. Au même instant l'un de la table, qui n'entendoit pas la plaisanterie, riposte en lui jetant une assiette, qu'il reçoit dans le ventre.

» . . . . Mais l'assiète volant,
» S'en va frapper le mur, et revient en roulant.

BOILEAU. Sat. 3.

Il veut reprendre une bouteille (car il n'en manquoit pas sur la table); mais on le repousse fortement, et comme cet homme étoit extrêmement fort, il revient à la charge pour se venger de l'assiette, et après avoir donné plusieurs coups de poing à droite et à gauche, il en renverse deux ou trois, lorsque le maître du bal s'avance pour faire cesser la querelle, et s'adressant à lui, le menace de le faire arrêter: à ce mot il se fâche encore plus, et dit au maître du bal que s'il ne le laissoit pas se venger, il alloit casser tout ce qui étoit à lui dans le bal; le traiteur lui en défie, après quoi notre gros homme prend la table si bien couverte d'assiettes, de plats, et surtout de bouteilles, et la renverse sans dessus dessous, avec tout ce qui étoit dessus, et après cet exploit, notre homme s'enfuit dans la foule sans qu'on puisse le rejoindre. A ce moment le peintre dit à son ami qu'il en avoit assez vu, et qu'il avoit trop de connoissance du *Grand Salon*.

Ils alloient pour sortir, lorsqu'une nouvelle scène se passoit à la porte entre deux poissardes et deux arlequins : une poissarde injurioit un arlequin, tandis que l'autre arlequin injurioit l'autre poissarde, si bien que la partie étoit fort mal partagée, puisqu'ils se trouvoient chacun vis-à-vis de celui qui ne pouvoit pas répondre, et par conséquent les chiens pouris, les gobe étrons, les branleuse de saucisses, les magneuses de saucisses plates, les mâtins, les bougres, enfin tout étoit en usage pour se faire des complimens à la mardi gras, ce qui n'amusoit pas du tout notre artiste philosophe, qui sortit de suite sans vouloir en apprendre davantage.

Description du bal de la maison Ruggieri.

CETTE maison qui depuis soixante ans a été consacrée à des fêtes champêtres, et sur tout aux feux d'artifices de Ruggieri, ne l'a été que depuis environ douze ans, aux bals d'hiver et bals de nuit qu'on y donne chaque année, où l'on y voit les trois jours gras une affluence considérable de spectateurs, d'auditeurs et d'acteurs, les uns pour y danser jusqu'à minuit, et après s'en aller; car passé cette heure, il n'est plus permis d'y danser ni de se retrouver dans la foule; de plus une certaine danse que l'on nomme la *course*, et qui n'est pas mal nommée, ôte à tous les amateurs de la danse, l'envie de danser.

C'est ici que les amateurs de grande cohue pourront se réjouir et se satisfaire; car celui qui n'a pas vu la course chez Ruggieri, ne peut pas s'en faire une idée, il faut vraiment aller voir la course.

Cette danse, autrefois ne se dansoit, ou bien ne se *courroit*, que dans le Grand Salon dont j'ai parlé ci-dessus; mais depuis que feu Ruggieri fit bâtir cette superbe salle de la rue Saint-Lazare, les prosélites de charivari, ont transporté le lieu de leur bacchanale dans ce superbe local. Il est bien affligeant pour les mères de famille qui voudroient faire danser leur fille dans un beau et grand salon, de ne pouvoir pas les faire danser chez Ruggieri.

Voici à peu près les belles scènes qui se sont passées plusieurs fois à cette maudite couse, et par rapport à la course.

Lorsque cette course est en train, celui qui est parti ne connoît plus personne; il court, il court, jusqu'au moment qu'il tombe, ou qu'il ait perdu la respiration. c'est par ce même inconvénient que celui qui se trouve heurté par un furieux, qui ne veut pas non plus que l'autre, s'arrêter dans sa furie, repousse son adversaire, ou le rencontre une seconde fois à fin de le jeter par terre, s'il le peut; car quiconque danse la course, doit savoir avant de s'y lancer, s'il sait se tenir sur ses jambes; et le résultat de toutes ces agréables rencontres, fait que les hommes et les femmes se bousculent ou se battent devant et parmi les spectateurs; c'est là qu'on trouve de ses jolis propos comme nous en avons rapportés, de ceux qui se distribuent gratis au grand salon de la rue Coquenard. Une certaine Alphonsine, avec une nommée Estele, s'étant prises de querelle chez Ruggieri, et s'en voulant déjà d'avance, parce que l'une avoit sans doute ravi l'amant à l'autre : elles sortent dans le jardin, et tout aussitôt se prennent aux cheveux de la belle manière; alors les injures pleuvent de chaque côté, l'une dit à l'autre, tu es une p...., comme si cela fut une grande nouvelle; l'autre lui répond en la traitant de saloppe; c'est là qu'une personne de mes amis fit la remarque d'une très-spirituelle réponse, car la dernire offensée répond à l'autre, après avoit été traitée de *salope*, que les *salopes* chient pour les propres. D'après cette réponse, on seroit tenté de croire que les femmes propres ne chient pas, ce que je crois ne pas (1). Comme le temps presse, et que l'imprimeur attend, il n'en faut pas dire davantage à ce sujet; c'est dire qu'il faut passer à une autre historiette.

Description du bal de l'hôtel de Richelieu.

Comme le temps ne me permet pas de m'étendre long-temps sur ce bal, qui fut pendant trois ans la folie des

---

(1) Le lecteur ne se fâchera pas des expressions; il doit considérer que nous sommes dans le carnaval.

jeunes-gens et des filles ; je vais seulement raconter une des aventures, la plus plaisante de celles qui se sont passées dans ce bal.

Dans l'hôtel de Richelieu, il existoit un grand salon, c'est-à-dire, fort long et assez large, et dans lequel on a donné les premiers bals dans cette maison ; car les bals des années suivantes à la première, n'ont été donnés que dans les salons d'entrée qui étoient encore assez beaux, mais pas assez spacieux pour pouvoir y donner de grands bals.

Enfin l'aventure que je veux raconter, se passa la première année des bals de *Richelieu*. Il est bon de prévenir le lecteur qu'à cette époque on arrêtoit partout les jeunes-gens de la réquisition, et que très-souvent on cernoit les bals, parce que c'étoient les lieux où on étoit plus sûr de les trouver.

C'est donc dans cette maudite année que le bal de *Richelieu* tenoit, et qu'une certaine femme nommée Chalier, ou Galier, car on ne sait comment écrire ces noms, ni comment les prononcer, vû qu'il se font dans les boudoirs de ces dames; cette femme, dis-je, avoit comme toutes les autres femmes, un amant à ses trousses; soit que l'un ou l'autre demanda un entretien particulier, bref, ils entrèrent dans un cabinet particulier, et se mirent à se communiquer mutuellement les penchans amoureux; c'est dans cet heureux moment qu'un détachement de fusiliers accompagnés de commissaire et d'un espèce d'exempt, entrèrent, entourèrent toutes les issues du bal, et firent paroître tout le monde à fin d'arrêter ceux qu'ils avoient l'intention d'emmener, pour leur faire rejoindre les armées.

Tandis que deux officiers visitoient les cartes et les passe-ports, le commissaire faisait sa ronde afin de voir s'il n'y avoit pas quelques fuyards qui cherchassent à se soustraire; il va de salle en salle, et de cabinet en cabinet, et enfin arrive à celui où s'étaient retirés les deux favoris de Vénus dont il a été question ci-dessus. Quel embarras pour nos deux époux de rencontre, et quel autre embarras pour le commissaire, lorsqu'il aperçoit un homme qui se retire spontanément d'une position singulière pour rester confus aux yeux des spectateurs; car il étoit entré beaucoup de monde, tant de la suite du commissaire, que de la foule du bal. Chaque criminel se remet dans l'ordre, après quoi le commissaire les interroge, les blâme, et pour comble de bonheur, arrête le jeune homme qui se trouvoit être de la réquisition. Voici notre amante désespérée : les jeunes-gens présens, et qui n'avoient pu en faire autant, contents de ce qu'on arrêtait un de leur camarade, que l'on avait trouvé faisant une pareille cérémonie, ou plutôt un sacrifice à l'Amour. Pourquoi, Messieurs, être jaloux de celui qui a été plus heureux ou plus adroit que vous? voilà ce qui me paroît injuste et qui ne doit pas être, et de plus, pourquoi être content du malheur qui lui arrive? *Sic vos non vobis.* Voilà ce que tout homme devroit considérer.

Au surplus, on emmena l'un et l'autre, et je ne sais pas ce qu'ils sont devenus.

Description du bal de la maison Longueville.

Je le répète encore, comme je suis très pressé, je vais passer rapidement sur ce bal qui auroit demandé une attention particulière, attendu qu'il s'est passé toutes les aventures possibles de se passer dans un bal.

Un certain mari, qui avoit fait l'acquisition d'une jeune femme, qui avoit déjà servie, se trouva un jour, ou plutôt une nuit au bal de Longueville. Ce mari, dis-je, s'étoit costumé en robe de chambre et en bonnet de coton, et sa femme en marchande d'oranges.

Arrivés dans le bal, ils se promènent comme de coutume, et par suite, vont s'asseoir dans le fond, à une table près de laquelle étoit une de ces grosse femmes qui font le métier de vendre la carcasse d'un corps humain feminin.

Nos deux époux, après s'être assis, se mettent à manger et à boire, le mari toujours avec sobriété, mais la femme buvant un peu plus qu'il ne falloit. Notre grosse *mère abbesse* commence par lâcher quelques lazzis à notre nouvelle mariée; celle-ci répondit, et sur le ton d'une femme honnête; cela étoit bien naturel, puisqu'elle étoit mariée; mais la grosse coquine ne perd pas prise, et surtout saisit chaque réponse que lui faisoit cette ex-femme du monde. Cette dernière vouloit que chaque personne, également, la regardât comme une femme honnête, ce qui auroit pu être, si elle n'avoit pas eu à disputer avec une femme qui la connoissoit parfaitement, puisqu'elle avoit été en pension chez elle, c'est-à-dire, comme fille utile.

Ce commencement de querelles en amena plusieurs, et qui eurent une suite fâcheuse pour le mari, car la maquerelle étant poussée à bout par les injures toutes vraies que lui envoyoit notre femme honnête, elle s'en prit au mari, et commença l'attaque par ces paroles agréables : « Dis donc, gros imbécille, dis donc, grand cocu, associé d'un pilier de bordel, ne vois-tu pas la fleur des jolies femmes dans la tienne, et ne sais-tu pas qu'elle a été six mois chez moi comme femme, et qu'au bout de ce temps là, elle en a sorti comme elle y étoit entrée (toute nue), puisqu'elle ne plaisoit à personne. De plus, elle est si bête, si bête, que personne n'en vouloit, et que je ne pouvois en tirer parti qu'en la donnant à bas prix. »

La femme voulut répondre quelques mots à son ancienne maîtresse de maison, mais celle-ci à chaque parole lui closait la bouche. Alors le mari ne trouvant pas meilleur parti que celui de s'en aller, tourna les talons ainsi que sa femme, qui ne demandoit pas mieux; mais l'autre femme ne voulant pas s'en tenir à ce qu'elle avoit dit, et trouvant que les propos lancés, jusqu'à ce moment étoient encore trop doux, elle les suivit partout dans le bal, et jusqu'au moment qu'ils sortirent, en répétant sans cesse derrière leur dos : Adieu donc, Margot la défricheuse, adieu, madame la conseillère de basse-cour et d'écurie; adieu, la belle aux yeux doux, aussitôt qu'on y touche, ils pleurent; et s'adressant à tout le monde: Tenez, voulez-vous voir madame d'Angu, la femme honnête, et son mari le Colas, qui croit avoir épousé une vertu, qui n'a seulement été que trois fois aux Capucins pour se faire [illegible] d'avoir avec lui [illegible] qu'un certain [illegible] du mal, [illegible] la belle [illegible] pour [illegible] Voyez-vous [illegible] avec son gros [illegible] belle [illegible] homme [illegible] pas les meilleurs [illegible] bien [illegible] pour une [illegible] que tu n'aies pas [illegible] il est vrai qu'il a bien [illegible] lui ce qu'elle [illegible] toujours [illegible] gardeur de pourritures du Palais-Royal, ramasseur de voirie à la porte d'un b. . . . . , andouille de requin, sauvage des îles de la rue Jean-Pain-Molet, promeneur de tripes et cervelas de la Grève, pilier du Pont-aux-Choux, envie de femme enceinte, corps d'une autre forme que celle de la bête du Gévaudan, est-ce que tu ne me diras pas un mot pour que je t'en réponde dix. — Enfin, notre homme poussé à bout, ne pouvoit plus y tenir, et finit par prendre sa femme avec beaucoup d'humeur, et l'entraîne hors du bal, prit une voiture, car la maca le poursuivit jusque dans la rue. . . . .

Après que notre homme fut parti avec sa femme, la mère abbesse rentra bien satisfaite d'avoir pu engueuler une femme à laquelle elle en vouloit fortement ; elle se reprit de *braillage* avec une autre femme, et de suite se mit à valser trois ou quatre tours, et après retourna boire, comme cela se pratique d'ordinaire. Un autre jour, à ce même bal, un jeune homme, habitué de ce lieu, y était avec sa maîtresse. Cette maîtresse étoit une femme très jolie, et quoique femme galante, ne l'avoit pas qui voulait. Beaucoup lui faisoit la cour et entre autre un jeune homme assez spirituel et aimable, (car elle aimoit les gens d'esprit) la fatiguoit continuellement et la pressoit de se rendre à ses désirs. Soit que lassée d'être tourmentée par lui, ou bien soit qu'elle l'aimoit un peu, ou qu'elle avoit envie de passer un caprice avec lui; car les trois quarts du temps, toute cette espèce de femme est sujette à mille caprices différens, et l'on appelle *caprice* la fantaisie qu'a une femme, de coucher avec un homme, et ces sortes de femmes ne calculent pas le nombre d'hommes qui leur passent sur le corps. Le dernier venu, chez elles, c'est comme si c'étoit toujours le même : c'est absolument un fiacre que l'on quitte après lui avoir payé sa course. Enfin, revenons au sujet : cette femme, dis-je, soit quel cas que cela voudra, promit plusieurs fois à ce jeune homme de coucher avec lui, mais à condition que son amant n'en sauroit rien ; ce qui était très-difficile, car le soupirant étoit fort bavard, la femme peu discrète, et l'amant un peu jaloux et fort aimé de sa belle, qui ne lui cachoit aucun secret et ne lui auroit pas même caché ce dernier. Enfin plusieurs rendez-vous furent donnés entre les deux perfides ; car il faut observer que l'amant et le jeune homme, qui cherchaient à se tromper, étoient amis intimes, ou du moins passoient pour tels. Je dis donc que plusieurs reudez-

La contredanse finie, le danseur engagea la belle, son amant et l'adorateur à venir se raffraichir; ce qui étoit chose convenue, car le complaisant danseur devoit amuser l'amant présent, tandis que les deux autres conviendroient d'un nouveau rendez-vous, auquel la femme juroit de n'y pas manquer, *sur son honneur.*

Le danseur et le soupirant croyaient que l'amant étoit en pleine crédulité, et prêtoit justement l'oreille, tandis que, au contraire, l'amant n'écoutoit pas un mot de ce que lui disoit le danseur; mais prêtoit très-bien l'oreille au discours de sa perfide qui promettoit au trompeur ami, de passer avec lui deux nuits et un jour, et surtout elle recommandoit de s'y prendre très-adroitement pour la soustraire à la vigilance de son amant, qui étoit toujours sur le *qui vive* avec elle.

L'adorateur ne se contenta pas de cette promesse, et lui dit qu'il falloit absolument qu'elle vînt le soir même passer la nuit avec lui, et qu'il se chargeoit de la soustraire à son amant, pourvu qu'elle fît tout ce qu'il lui diroit de faire. Après un instant de réflexion et beaucoup de sollicitation, elle dit qu'elle le vouloit bien; aussitôt ils se levèrent de dessus les siéges pour s'en aller. Elle dit à son amant qu'elle alloit faire un tour pour se promener un instant, qu'il l'attendît, qu'elle alloit revenir.

L'amant, qui ne se contentoit pas de cette bonne raison, attendu qu'il venoit d'entendre la conversation, lui dit d'attendre un instant, et qu'il alloit la promener lui-même. Aussitôt lève le siége, quitte la conversation, paie l'écot, et prend le bras à sa belle, et l'emmène dans le bal, au grand mécontentement de M. le séducteur.

Tous les convives de la table où l'on s'étoit raffraîchi, étaient dans le secret de la dame et du soupirant, et lorsqu'ils virent l'amant prendre sa maîtresse avec vivacité, ils se doutèrent bien qu'il avoit compris quelque chose de l'entretien. Alors donc, ils le quittèrent et le laissèrent se promener avec sa charmante et perfide maîtresse.

Cette maîtresse, quoique fille du monde, avoit des dehors fort décens, et par la même raison, n'aimoit pas les vilaines scènes, ni le scandale : l'amant aussi, qui étoit un jeune homme bien né, quoique vivant avec une fille, détestoit aussi de se montrer en public, comme de passer pour un homme de mauvaise vie ; c'est pourquoi se voyant très offensé de l'affront clandestin que venoit de lui donner sa chere moitié de rencontre, l'emmena dans le cabinet secret du bal, et là, à la bonne odeur, il chatia son amante de la belle manière. Les domestiques du bal, qui les avoient vu entrer tous deux dans ce cabinet, ne pouvoient pas concevoir ce qu'ils y alloient faire; l'un d'eux, sous prétexte de police, s'introduisit dans les commodités, lorsqu'il trouva la belle remettant son bonnet, qui avoit été renversé par quelques coups de poings et soufflets décemment donnés, c'est à dire non en public, mais dans le cabinet des secrets. Elle avoit encore quelques larmes qu'elle essuyoit; lorsqu'elle alla pour sortir, la réflexion de l'idée singulière d'avoir été châtiée dans les commodités, la fit rire, ce qui fâcha de nouveau notre amant, qui se croyoit encore dupe, et tel qu'il lui redonna de surcroit deux ou trois bons soufflets, qui la firent pleurer de nouveau; après quoi il l'emmena au bal, encore pleu, rante et ayant beaucoup de larmes aux yeux. C'est là que chaque homme et chaque femme du bal la contrarièrent encore bien plus : elle auroit bieu voulu ne pas y rentrer ; mais son amant l'entraîna de force, et elle fut obligée de céder, ce qu'elle n'auroit pas préféré à l'avantage de s'en aller. Quelques instans après le bal ferma.

Description de cercle de l'Harmonie.

Le *Cercle de l'Harmonie* étoit un bal qui se tenoit dans les appartemens du palais du Tribunat, où maintenant se tiennent les séances ou les bureaux dudit Tribunat. Il fut établi sous les auspices d'un certain *Provots*, teneur de jeu, qui ne retrouvoit son bénefice que dans la perte que faisoient les chalans qui alloient jouer au pair et impair ou au passe-dix ; sans quoi jamais une recette n'eût couvert les frais d'une soirée. Ce bal fut très-suivi par la société relevée des bals ordinaires.

Le lecteur ne doit pas oublier que je suis très pressé, et que je ne pourrai pas lui en dire fort long sur ce bal, qui a eu une vogue assez méritée, et que par conséquent je ne vais rapporter ici que le fait le plus plaisant.

Une femme, comme il y en a beaucoup, avoit prit l'habitude, tous les jours de bal, de s'en aller coucher avec un jeune homme nouveau, ce qu'elle appeloit bien s'amuser comme il faut. Cependant un de ces jeunes-gens avoit eu la prétention de la garder pour lui seul, et comme il prétendoit en faire sa maîtresse, il l'emmenoit chaque bal et ne la quittoit pas autant qu'il le put.

Cette femme, lassée de ce changement, prit sur elle, un jour, de se débarrasser de son amant : elle en convia un nouveau, et tandis qu'elle étoit à danser avec son amant, elle prit le bras de celui avec lequel elle vouloit s'en aller, et en effet elle s'en alla; mais elle fut rencontrée au vestibule, lorsqu'elle étoit sur le point de sortir, par une autre femme, à laquelle elle avoit enlevé dernièrement un amant pour se le repasser. Cette femme aussitôt l'arrêta et la salua de divers jolis propos très-intéressans, entr'autres! Vous êtes une saloppe à qui je donnerai vingt coups de pied dans le ventre et cent giffles. La volage répondit sur un ton beaucoup plus gaillard. Tu m'emmerdes, dit-elle; est-ce que tu me prends pour une moviette et que je ne suis pas dans le cas de te répondre? Tiens.... regarde cette main... prends garde qu'elle ne te colle sur la figure une giroflée à cinq feuilles. Alors l'autre prend le ton qui convenoit, dans cette circonstance et dit : Est-ce que tu te fous de moi, carogne ? Tiens, (lui donnant un soufflet) voilà pour commencer, et si tu oses répondre, descends avec moi dans la cour, nous verrons qui aura plus beau jeu de toi ou de moi. A ces mots l'autre passe devant, et de suite voilà nos deux femmes aux prises dans la première cour du palais. Plusieurs personnes étoient accourues au commencement de la querelle, et sont descendus derrière nos deux *Championnes*, qui, aussitôt qu'elles furent dans la cour, se donnèrent réciproquement des soufflets, des coups de poing, des coups de pieds, enfin tout ce qu'on peut imaginer de plus beau dans ce genre.

Lorsque les bonnets furent renversés, les robes et les jupons déchirés, les les joues arrachées et les yeux pochés, elles se retirèrent chacune de leur côté. Ainsi finit l'histoire.

Description du bal du Prix Fixe.

Le bal du *Prix-Fixe* se tenoit dans la rue de Richelieu, où se tient encore le même bal, mais sous d'autres hospices; c'étoit un fort petit local, c'est pourquoi il fut bientôt abandonné par un nommé Ducy, qui alla s'associer avec le nommé Beaupré, danseur de l'Opéra, qui établit le beau bal de la maison Boutin, connu sous le nom de la Réunion des Artistes.

Ce petit bal fut très-suivi dans les commencemens, et même tant que le Ducy le tint, et cela par une raison toute simple, c'est qu'il n'y en avoit pas d'autre. Ce qui faisoit répéter ce beau vers de la tragédie de Cadet-Rousel professeur de déclamation : (par Aude.)

» Choisis entre nous deux, il ne reste que
» moi.

Quand je dis qu'il n'y en avoit pas d'autre, j'entends par là, qu'il n'y avoit pas d'autre bal où ce qu'on appelle la moyenne société puisse se rendre ; car il faut remarquer que les filles publiques de mises élégantes, prétendent qu'elles se compromettent lorsqu'elles vont dans un bal où elles ne puissent pas rivaliser de mise avec quelqu'autre femme de leur bord, ou bien s'il n'y a que des femmes honnêtes, elles fuyent de même, et disent qu'elles ne veulent pas aller dans tel bal, vu qu'il n'y a que des conaces. par conséquent, chaque bal a son genre de société, l'un les gens à voiture, ou les riches, l'autre la classe au-dessous, après cela la classe des marchands, ensuite la classe des courteaux de boutiques (c'est ou vont les filles de haute mise), après les garçons épissiers, et de suite, et de suite, et de suite. Tout cela se trouve dans chaque quartier de Paris, plus ou moins bien, et toujours pour danser.

C'est uue fureur que la danse, que de jeunes-gens abandonnent tout pour aller au bal, quelques autres ont d'autres plaisirs. La jeunesse en abuse toujours, et préfère s'amuser deux heures de plus qu'il ne le faut, plutôt que de consacrer ce temps à l'étude, si nécessaire à l'homme.

Que Quinault avoit raison de dire :

Les beaux jours que l'on perd, sont pour jamais perdus.

(Opér. d'ARMIDE.)

Carmine tu gaudes, hic delectatur iambis.

(HORATIUS)

Description du bal de la Réunion d'Artistes, maison Boutin.

CE bal, si mal nommé *Réunion d'artistes*, se tenoit dans les appartemens de M. Boutin, rue de la Loi, près la rue Ménars, où maintenant Leroi, marchand de mode, tient son magasin. Ce bal, dis-je, que l'on nommoit fort mal à propos *Réunion d'artistes*, n'étoit plutôt composé que d'ignorans en plus grande partie, comme le sont presque tous les bals publics, et celui-ci particulièrement; les soi-disans *artistes*, étoient des courteaux de boutiques, des danseurs de toutes les espèces; et qui ignore la stupidité de ces sortes d'êtres, des filles publiques, etc., etc., et quelque autres gens sages qui venoient pour admirer les ridicules de chacun, et hausser les épaules. Voilà de quoi étoit composé le bal de la *Réunion des artistes*. Ce qui n'empêche pas de dire aux Normans : *Il y a de bonnes gens partout.*

Qnant aux aventures qui se sont passées dans ce bal, elles n'offrent rien de plus intéressant que celles des autres bals, puisque c'est à peu près les mêmes, et que les *mêmes* ne sont pas *même* intéressans, si ce n'est la curiosité que peuvent avoir ceux qui n'ont pas été à même de fréquenter ces lieux d'ennui pour des gens un peu sensés, et qui réfléchissent un peu.

Comme j'en ai assez dit sur cette matière, et que je pourrois lasser la patience du lecteur.

» Et souvent on ennuie en termes magni-
» fiques.

Je vais finir mon exemplaire par quelques bouts de poésie, afin d'avoir sujet de parler de ce sexe toujours vainqueur de l'autre par ses charmes. Cependant pas toujours; car il est des vieilles qui voudroient souvent profiter des jours que Dieu leur laisse, pour les mettre à profit.

Pour réparer les défauts du visage,
On peut user d'un assez plaisant tour;
Et c'est l'argent; mais sans cet avantage,
Vieille femme est un remède à l'amour.

Voilà comme quelquefois une vieille précieuse se tire d'embarras sans en rien communiquer à ses amies, et plaît à quelque jeune homme dont l'accident particulier est de manquer d'argent.

CANTATE SUR UN BAISER.

Par un baiser ravi sur les lèvres d'Iris,
De ma fidèle ardeur j'ai dérobé le prix ;
Mais ce plaisir charmant a passé comme un
songe,
Ainsi je doute encore de ma fidélité :
Mon bonheur fut trop grand pour n'être
qu'un mensonge ;
Mais il dura trop peu pour une vérité.
Amour, ceux que tu captives,
Souffrent des maux trop cruels,
Leurs douceurs sont fugitives,
Et leurs tourmens éternels.
Après de mortelles peines,
Tu feint de combler nos vœux ;
Mais tes rigueurs sont certaines
Et tes plaisirs sont douteux.

Qui peut donc m'affranchir de cette in-
quiétude
Qui rend mon bonheur incertain?
Iris, guérissez-moi d'une peine si rude;
Le remède est en votre main.
Si sur cette bouche adorable,
Que Vénus prit soin d'embellir,
Je pouvois encore cueillir
Quelqu'autre faveur plus durable,
Cette douce félicité
Fixeroit mon âme incertaine,
Et je ne serois plus en peine,
Si c'est mensonge ou vérité.

RONDEAU A ****.

En fait d'amour pour n'être rejetté,
Des dons du ciel c'est peu d'être doté;
Jadis Saturne aimoit une pucelle,
Et, dit l'histoire, elle lui fut cruelle,
Tant qu'il parut comme divinité.
Que fit le dieu? chagrin et dépité,
Il se transforme en cheval moucheté,
Croyant ainsi réussir auprès d'elle,
En fait d'amour.
Ni manqua pas; je m'en serois douté,
Le quadrupède en amant fut traité,
Et toutefois au ciel de Cibèle,
Le cas advint: c'est la loi naturelle;
Jamais cheval ne sera rebuté,
En fait d'amour.

CHARADE.

Hortense vient de me prier
De mettre en bouche mon entier;
Et dit après, que mon premier
Est même mot que mon dernier.

(*Bonbon.*)

VERS

Sur la mort de mademoiselle NINON DE L'ENCLOS.

Il n'est rien que la mort ne dompte;
NINON, qui près d'un siècle a servi les amours,
Vient enfin de finir ses jours.
Elle fut de son sexe et l'honneur et la honte

Inconstante dans ses desirs,
Délicate dans ses plaisirs,
Pour ses amis fidèle et sage,
Pour ses amans tendre et volage,
Elle fit régner dans son cœur,
Et l'extrême débauche et l'austère pudeur;
Et montra ce que peut le triomphant mélange
Des charmes de Vénus et de l'esprit d'un ange;
Elle suivit les sens, la nature et la loi.
En sa vie elle eut grande foi;
Pour ne rien mettre à l'aventur,
Elle ne crut point la future.

Je crois qu'en voilà assez de dit pour un petit in-18 qui n'a aucun but, si ce n'est que d'avoir raconté plusieurs aventures poissardes et canailles. Quant au corps de l'ouvrage, il est, comme je l'ai annoncé, décousu, sans ordre, sans suite, et ne répondant pas même à la question; mais enfin j'ai fait ce que j'ai voulu faire, afin que l'on crie: ha! que c'est mauvais, et que le libraire en vende beaucoup. Au surplus:

FINIS CORONAT OPUS.

Oui, heureusement pour le bon sens que la fin couronne l'œuvre.

www.ingramcontent.com/pod-product-compliance
Ingram Content Group UK Ltd.
Pitfield, Milton Keynes, MK11 3LW, UK
UKHW020252220726
13923UKWH00002B/898